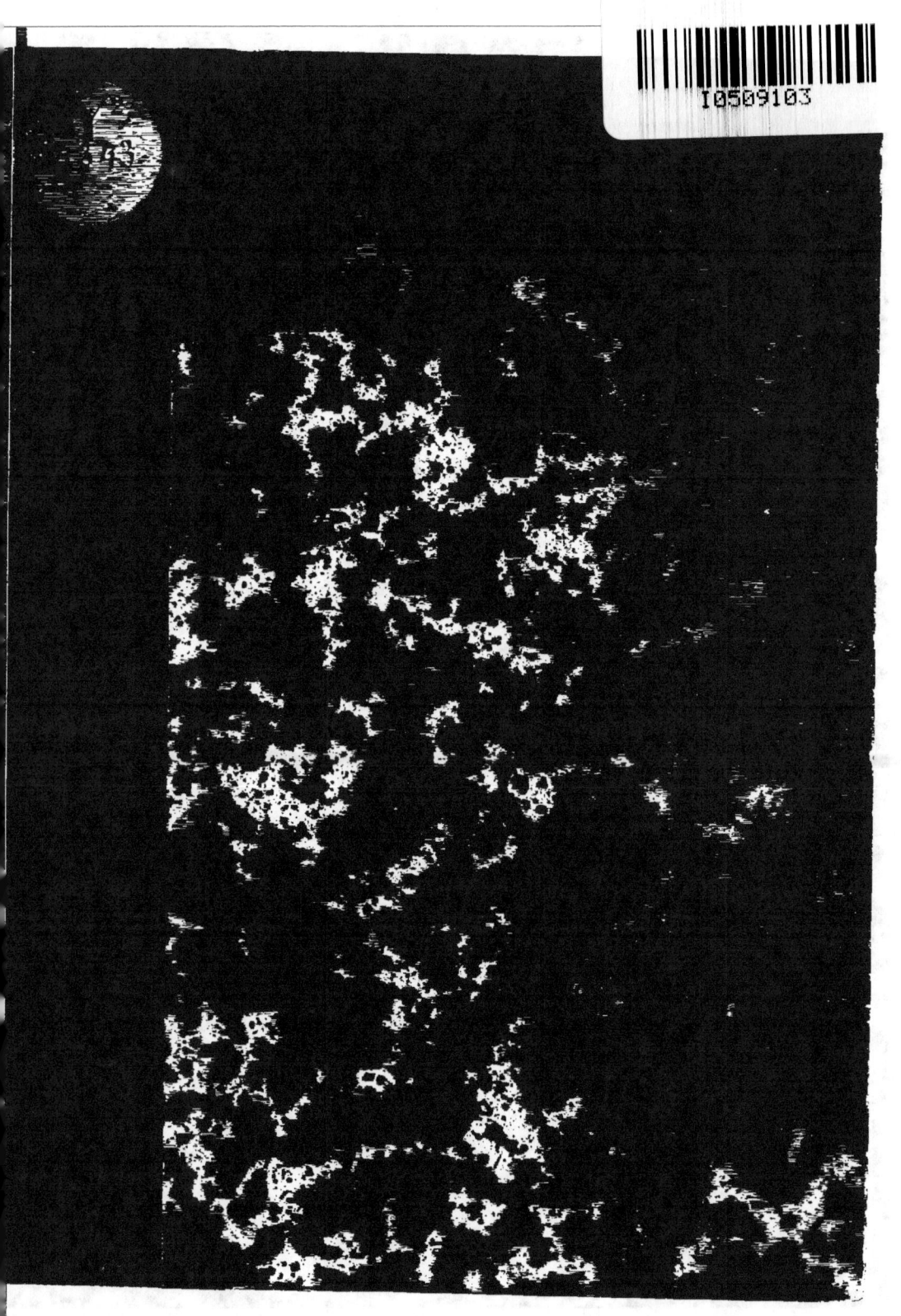

DOUZE EAUX-FORTES

POUR ILLUSTRER

LE

Roman Comique

DE

SCARRON

Dessins de Henri PILLE

gravés

PAR LOUIS MONZIÈS

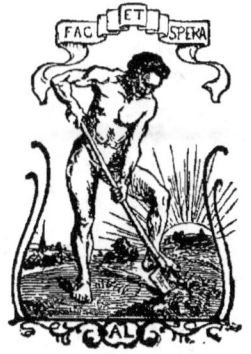

PARIS

ALPHONSE LEMERRE, ÉDITEUR

27—31, PASSAGE CHOISEUL, 27—31.

M D CCC LXXXI

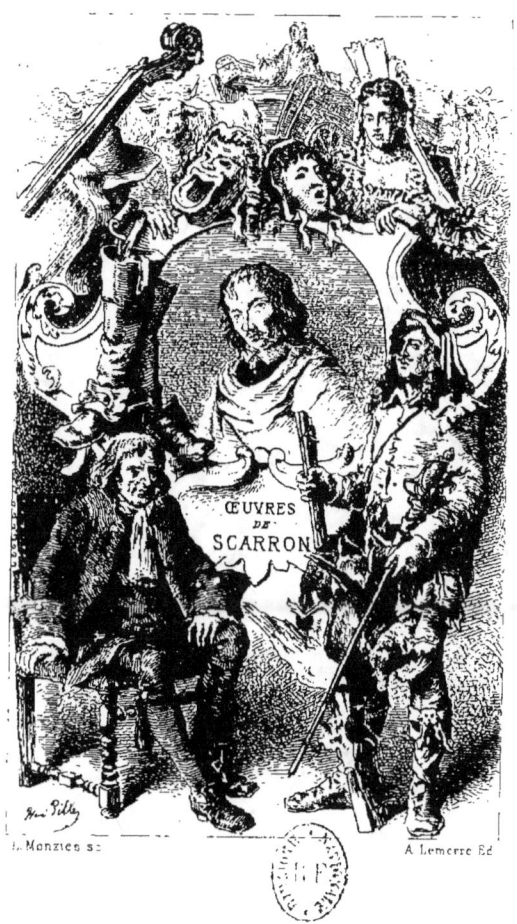

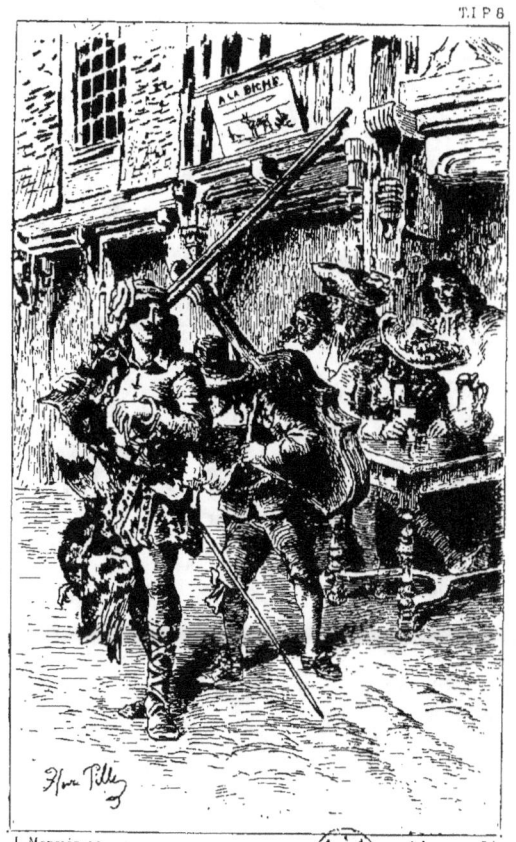

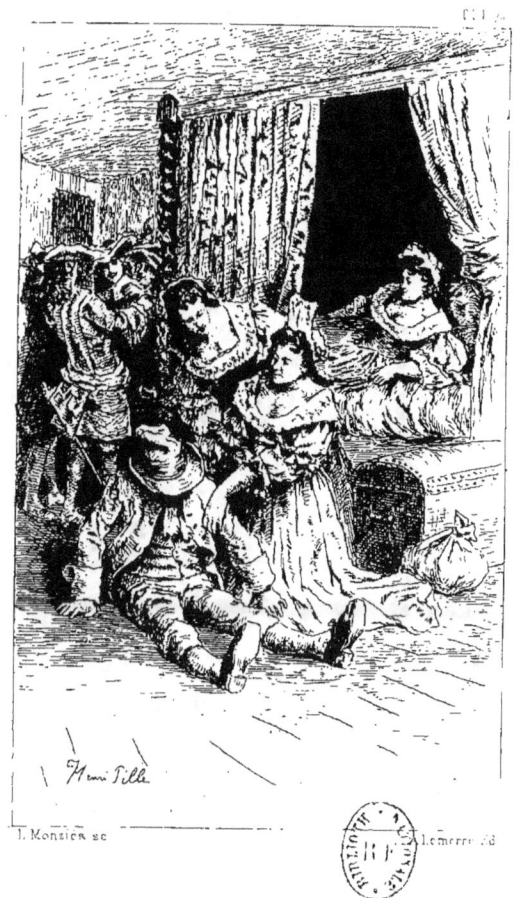

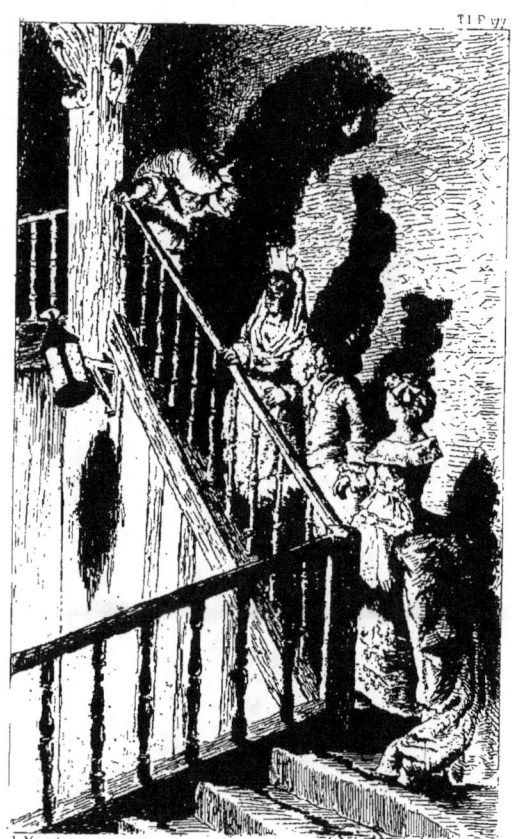

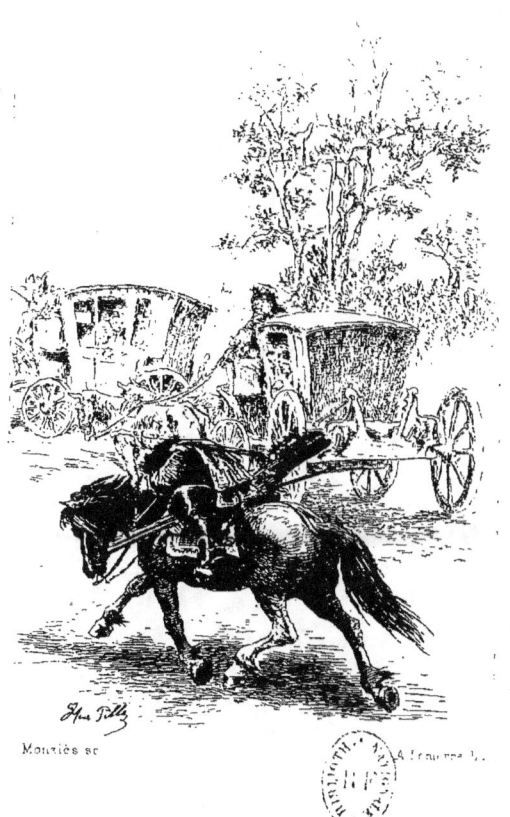

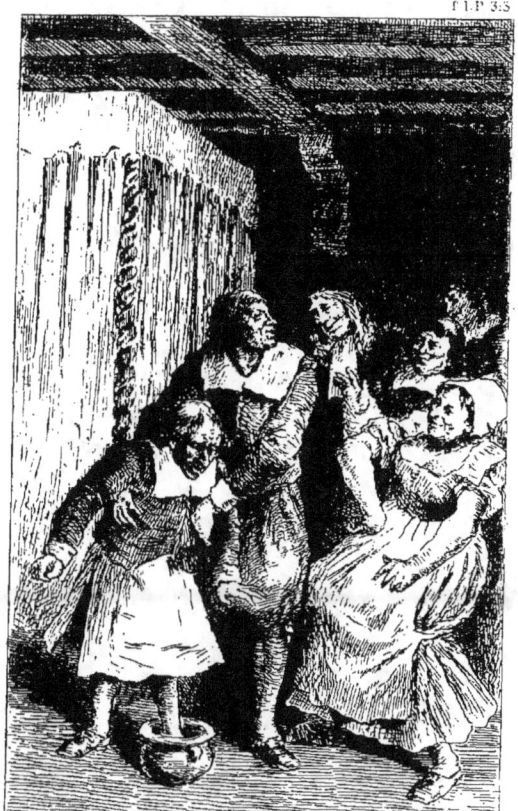

Imp. A Salmon

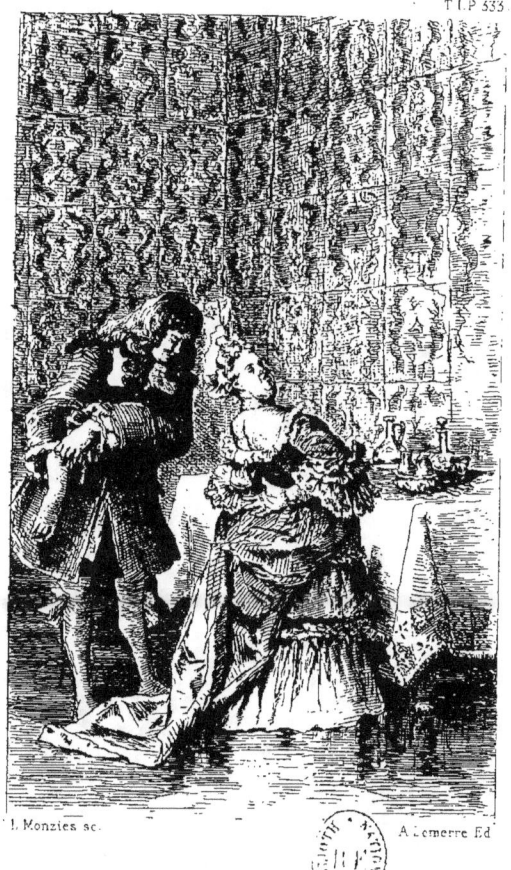

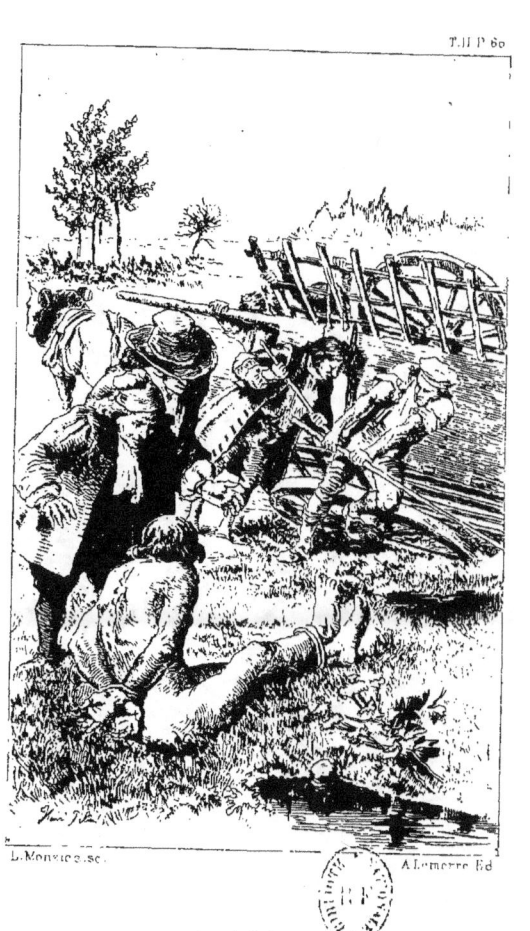

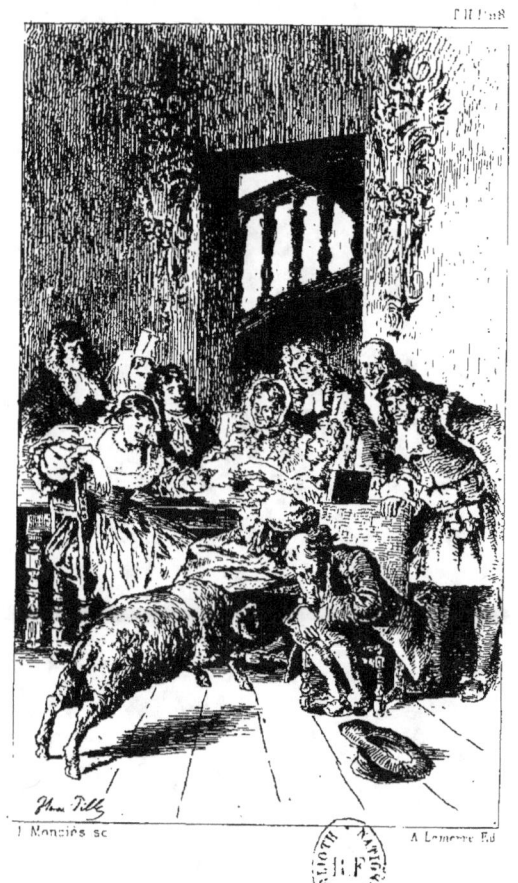

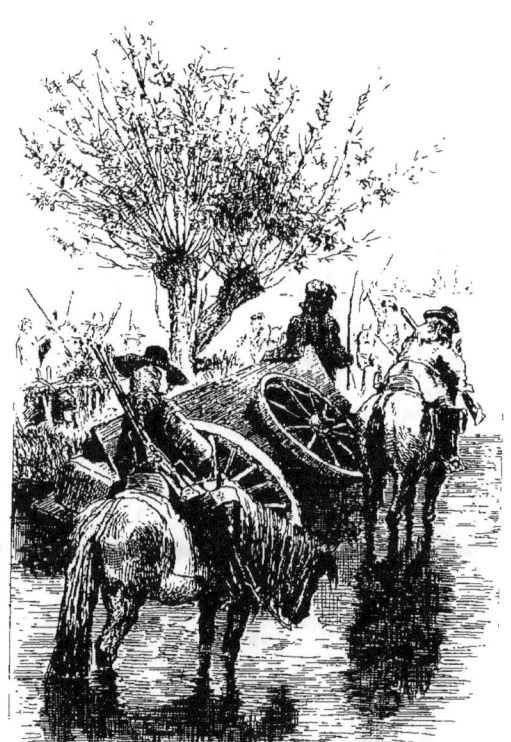

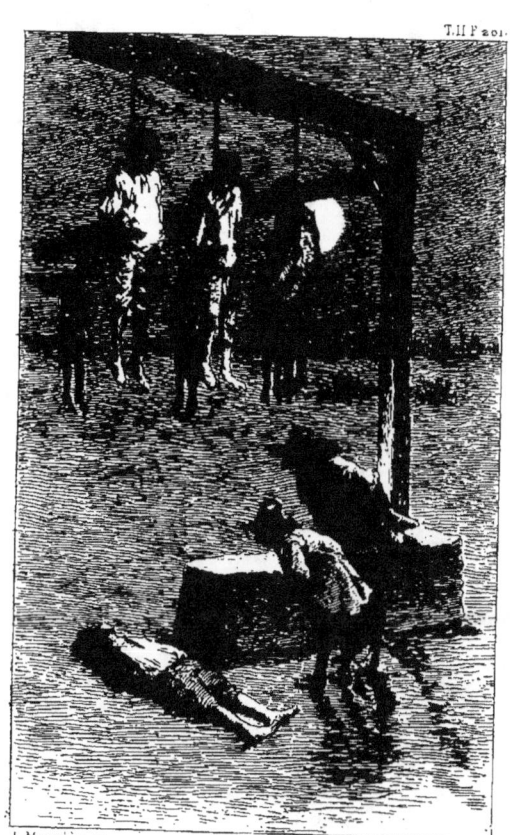

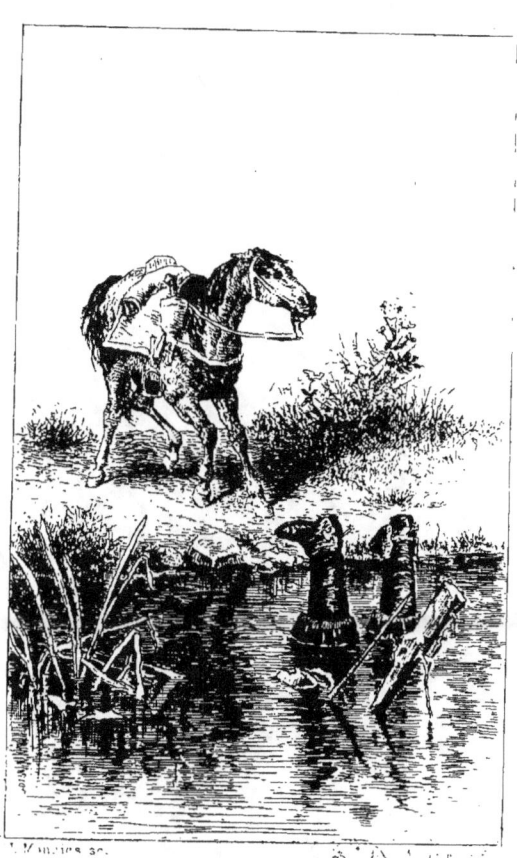

EN VENTE A LA MÊME LIBRAIRIE

BARBEY D'AUREVILLY. — 7 eaux-fortes composées et gravées par FÉLIX BUHOT pour illustrer l'*Ensorcelée* .... 10 fr.
* *Chine, Hollande et Whatman, avant lettre*............... 20 »
BARBEY D'AUREVILLY. — 6 eaux-fortes pour illustrer *Le Chevalier Destouches*, dessinées et gravées par FÉLIX BUHOT .... 10 »
* *Chine, Hollande et Whatman, avant lettre*............... 20 »
BARBEY D'AUREVILLY. — 11 eaux-fortes pour illustrer la *Vieille Maîtresse*, dessinées et gravées par FÉLIX BUHOT .... 15 »
* *Chine, Hollande et Whatman, avant lettre*.............. 30 »
BERNARDIN DE SAINT-PIERRE. — 7 eaux-fortes pour illustrer *Paul et Virginie*, dessinées et gravées par ED. HÉDOUIN............ 15 »
* *Japon, Chine, Hollande et Whatman, avant lettre*........... 30 »
BOILEAU. — 7 eaux-fortes d'après COCHIN, gravées par MONZIÈS et COURTRY 10 »
* *Chine et Grand Hollande, avant lettre* .... 25 »
DAPHNIS ET CHLOÉ. — 7 eaux-fortes d'après les dessins de PRUD'HON, gravées par BOILVIN................................ 10 »
* *Chine avant lettre*.......................... 25 »
GUSTAVE FLAUBERT. — 7 eaux-fortes composées et gravées par BOILVIN pour illustrer *Madame Bovary* .... 12 »
* *Chine et Hollande avant lettre* .... 40 »
HEPTAMÉRON. — 18 eaux-fortes d'après FREUDENBERG, gravées par MARTINEZ............................... 15 »
* *Japon, Chine, Hollande et Whatman, avant lettre*............ 25 »
LA FONTAINE. — 72 eaux-fortes d'après OUDRY, pour illustrer les *Fables*, gravées par COURTRY, GREUX, LEMAIRE, LERAT, MARTINEZ, MONGIN, MONZIÈS, ROUSSELLE.................... 60 »
* *Chine, Whatman et Grand Hollande avant lettre*........... 100 »
LA FONTAINE. — 40 eaux-fortes d'après FRAGONARD, LANCRET, etc., pour illustrer les *Contes*........................ 40 »
* *Chine et Grand Hollande, avant lettre*............... 80 »
LE SAGE. — 16 eaux-fortes composées par HENRI PILLE et gravées par LOUIS MONZIÈS pour illustrer *Gil Blas*................. 25 »
* *Chine, Grand Hollande et Whatman, avant lettre*........... 40 »
LE SAGE. — 9 eaux-fortes pour illustrer le *Diable boiteux*, dessinées par H. PILLE, gravées par LOUIS MONZIÈS................ 15 »
* *Chine, Whatman et Grand Hollande, avant lettre*........... 25 »
XAVIER DE MAISTRE. — 8 eaux-fortes gravées par F. DUPONT ...... 12 »
* *Chine, Whatman et Hollande avant lettre*............... 20 »
MANON LESCAUT. — 9 eaux-fortes d'après PASQUIER & GRAVELOT, gravées par LOUIS MONZIÈS....................... 12 »
* *Chine, Hollande et Whatman, avant lettre*.............. 20 »
MOLIÈRE. — 35 eaux-fortes d'après BOUCHER, gravées par BOILVIN, COURTRY, RAJON, GAUCHEREL, MILIUS, MASSARD, GREUX, MONGIN, LERAT, MARTINEZ. Format in-8°.................. 40 »
* *Chine, Hollande et Whatman, avant lettre*.............. 100 »
MUSSET (Alfred de). — 42 eaux-fortes d'après les dessins de H. PILLE, gravées par MONZIÈS, publiées en 4 séries. Prix de chaque série . . 12 »
* *Chine, Hollande, Whatman et Japon, avant lettre. Prix des 4 séries*... 100 »
* Frontispice pour les œuvres D'ALFRED DE MUSSET composé et gravé par F. ROPS, sur *Chine, Grand Hollande et Whatman avant lettre*. . 5 »
PERRAULT. — 13 eaux-fortes pour illustrer les *Contes de Fées*, composées par H. PILLE et gravées par LOUIS MONZIÈS............. 18 »
* *Japon, Chine, Hollande, Whatman avant lettre*............ 35 »
RABELAIS. — 16 eaux-fortes composées et gravées par BRACQUEMOND. . 20 »
* *Grand Hollande*........................... 30 »
* *Whatman et Chine*......................... 50 »
RACINE. — 13 eaux-fortes d'après GRAVELOT, gravées par MONZIÈS, MARTINEZ et LEMAIRE....................... 15 »
* *Chine et Hollande, avant lettre*................... 25 »
SCARRON. 12 eaux-fortes dessinées par H. PILLE, gravées par MONZIÈS, pour illustrer le *Roman Comique*.................. 16 »
* *Japon, Chine, Hollande et Whatman, avant lettre*........... 30 »
VOLTAIRE. — 21 eaux-fortes d'après MONNET et MARILLIER, gravées par LOUIS MONZIÈS pour illustrer les *Romans*............. 25 »
* *Chine, Hollande et Whatman, avant lettre*.............. 40 »

Paris — Imp. CH. UNSINGER, 83, rue du Bac.

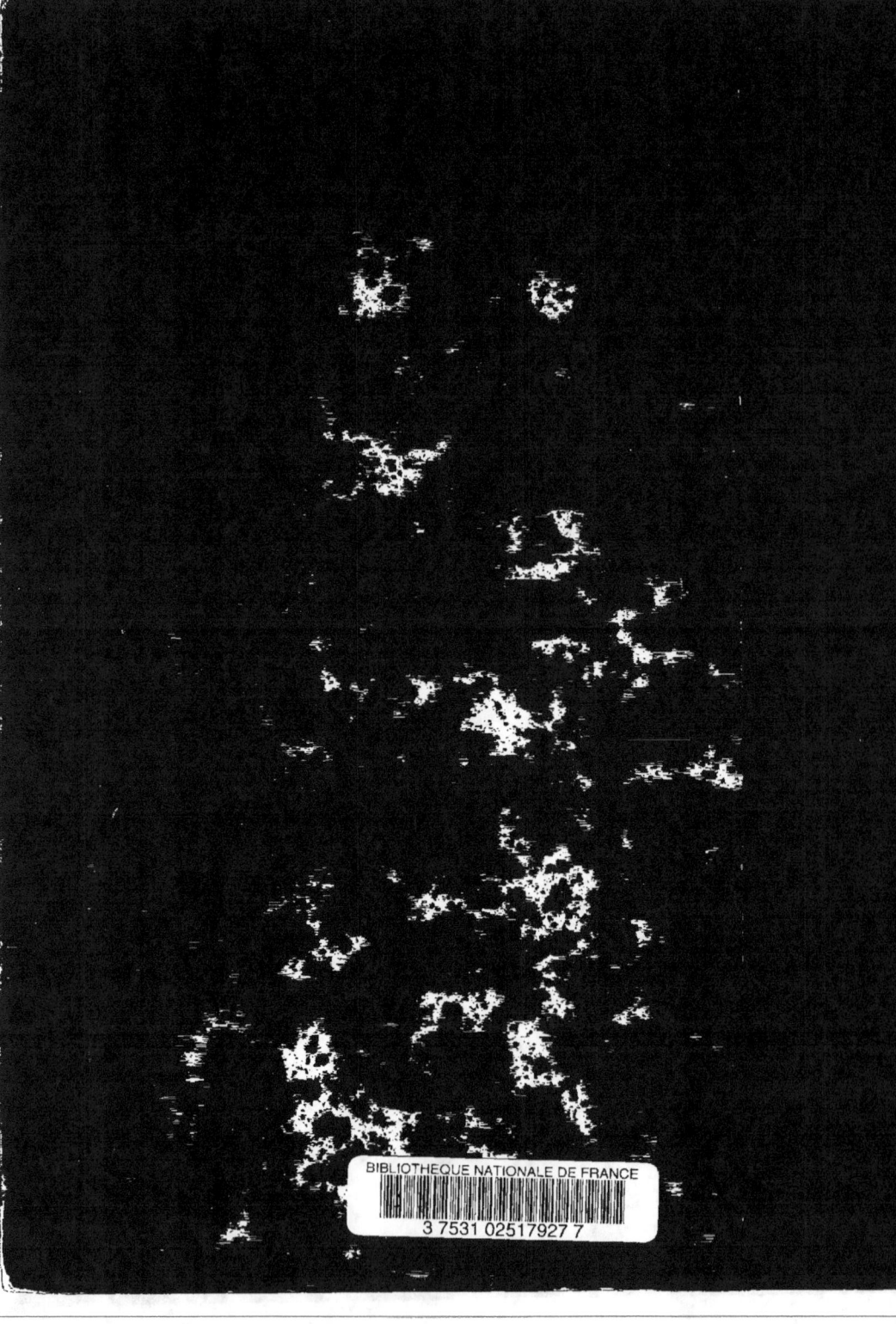

www.ingramcontent.com/pod-product-compliance
Lightning Source LLC
Chambersburg PA
CBHW050033230526
45470CB00003B/1259